MYTHOLOGIE MĀORI

Petit livre des Symboles

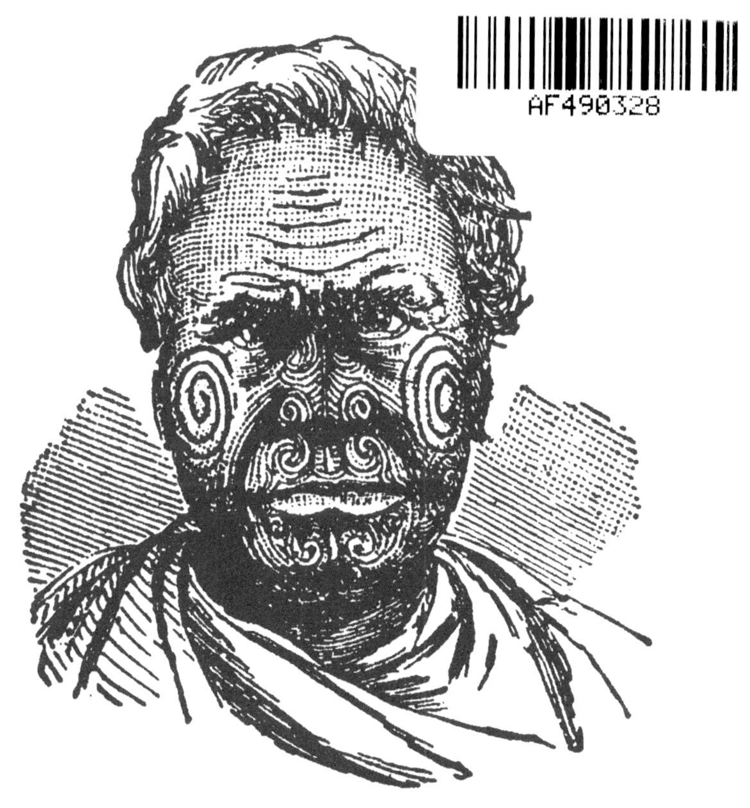

AVANT-PROPOS

Les symboles māoris proviennent
des tribus māoris du Pacifique Sud.

Les Māoris sont les peuples
indigènes polynésiens de
Nouvelle-Zélande.

Les Māoris se sont installés en
Nouvelle-Zélande au XIIIe siècle,
arrivant probablement par bateau
depuis les côtes polynésiennes
plus au nord.

Les Māoris vivaient dans des tribus
distinctes, menant une vie largement
pacifiste construite autour du canoë,
de l'agriculture, de la pêche et de
la chasse.

Au fur et à mesure que le temps passait et que les ressources naturelles devenaient moins abondantes, les Māoris développèrent des armes et une culture guerrière féroce.

Ils construsirent des forts et il y eut des guerres entre tribus opposées.

Aux XVIIIe et XIXe siècles, les Européens ont commencé à s'installer en Nouvelle-Zélande.

Les colons étaient pour la plupart britanniques et, comme ailleurs dans le monde, la domination coloniale était préjudiciable à la population indigène.

Les Māoris sont devenus une population minoritaire en Nouvelle-Zélande.

Cependant, une grande partie de la culture, de la mythologie et de la tradition māori a survécu jusqu'à nos jours.

Les "Māoris précoloniaux" n'avaient pas de langue écrite, ce qui signifie que les connaissances et les traditions étaient transmises de génération en génération oralement ou par l'art.

La mythologie māori transmet un lien profond avec la nature, ainsi que des thèmes de création et de renouveau.

Un autre élément important est le Whakapapa (généalogie) et le respect des ancêtres, qui constituent une partie importante de la tradition māori.

Le symbolisme māori, y compris le célèbre **Haka**, les tatouages faciaux et les sculptures sur bois, ainsi que l'iconographie expressive, donne un aperçu d'une culture, d'une langue et d'une mythologie riches.

Les symboles māoris comportent des spirales, des courbes, des images naturelles et des divinités surnaturelles.

Le **Koru**, qui représente la fougère argentée originaire de Nouvelle-

-Zélande, est un motif récurrent dans la sculpture sur bois et les grandes œuvres d'art.

Chaque symbole véhicule une signification et se rapporte souvent à la relation de l'homme à la nature ou à l'ascendance.

L'art et le design traditionnel māori constituent une partie importante de la culture et de l'identité, même aujourd'hui.

La Nouvelle-Zélande moderne a adopté des éléments de la culture māori pour représenter une identité nationale plus large.

Air New Zealand utilise le **Koru**

comme logo officiel, tandis que
l'équipe nationale de rugby,
les All Blacks, exécute un **Haka**
māori traditionnel avant les matchs.

Le **Hei Tiki** peut être trouvé gravé
sur des tasses dans les bars à
cocktails du monde entier.

SYMBOLES MĀORI

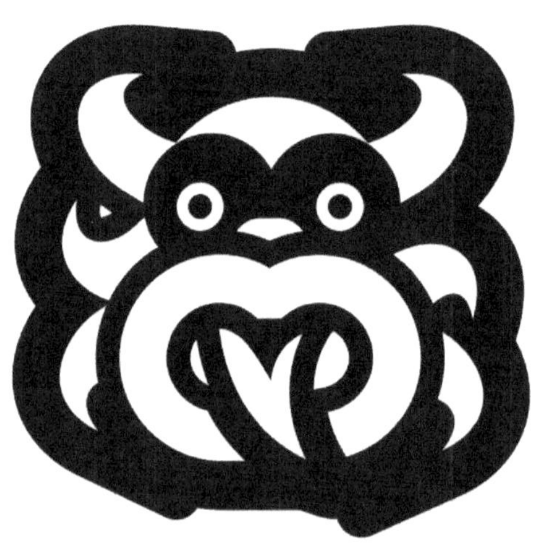

URUTENGANGANA

URUTENGANGANA

Urutengangana est le dieu māori
de la lumière.

Il est l'aîné des enfants de Ranginui,
le Père du Ciel, et de Papatūānuku,
la Mère de la Terre.

Ses enfants étaient les dieux
des étoiles et de la lune.

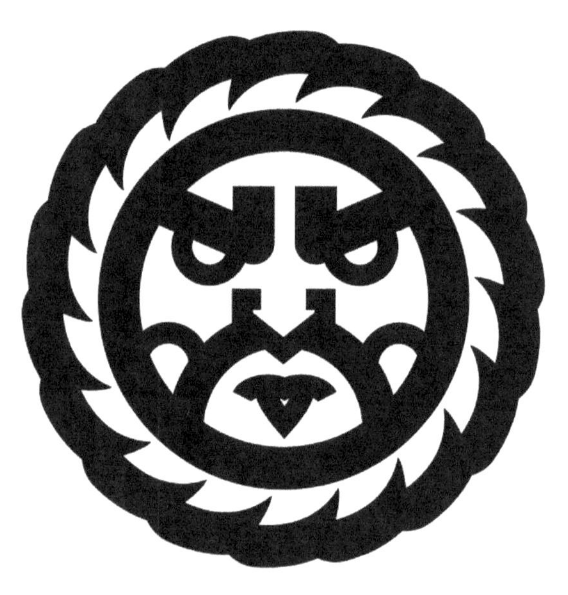

TUMATAUENGA

<u>TUMATAUENGA</u>

Tū ou Tumatauenga est le dieu māori de la guerre, de la chasse, de la culture alimentaire, de la pêche et de la cuisine.

Les Māoris consacraient des voyages de chasse et des parties de guerre à Tūmatauenga.

RŪAUMOKO

RŪAUMOKO

Rūaumoko est le dieu des tremblements de terre, des volcans et des saisons.

Il est le plus jeune fils de Ranginui, le Père du Ciel, et de Papatūānuku, la Mère de la Terre.

Bien que considéré comme un dieu bienveillant, Rūaumoko, comme les tremblements de terre et les volcans, représente également le danger et la destruction.

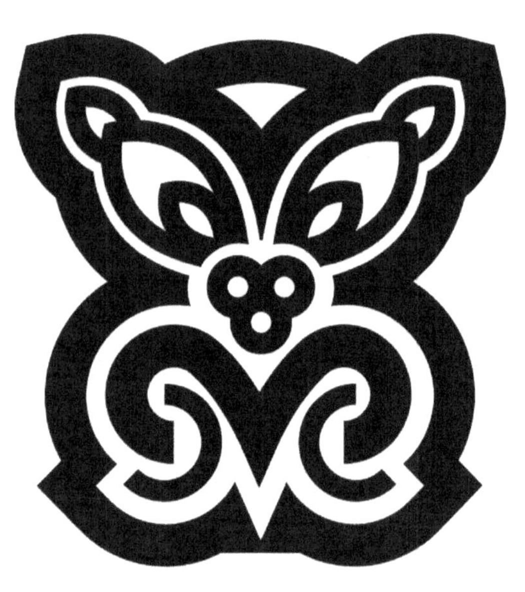

TĀNE

TĀNE

Dans la mythologie māori, Tāne, également appelé Tāne-mahuta où Tāne-nui-a-Rangi est le dieu des forêts et des oiseaux.

Il est le fils de Ranginui et Papatūānuku, le Père du Ciel et la Mère de la Terre.

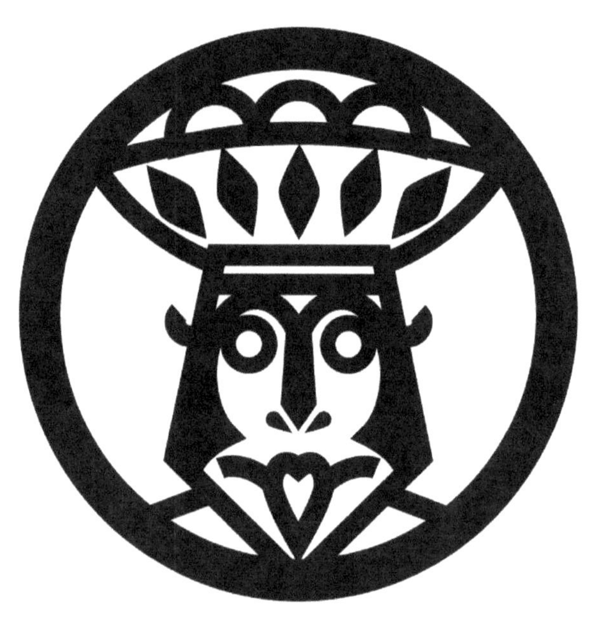

RONGO

RONGO

Dans la mythologie māori, Rongo ou Rongo-mā-Tāne est le dieu des plantes cultivées, ou de l'agriculture, en particulier la production de kūmara (ignames).

Les Māoris comptaient beaucoup sur leurs récoltes et offraient le premier kumara de la saison à Rongo.

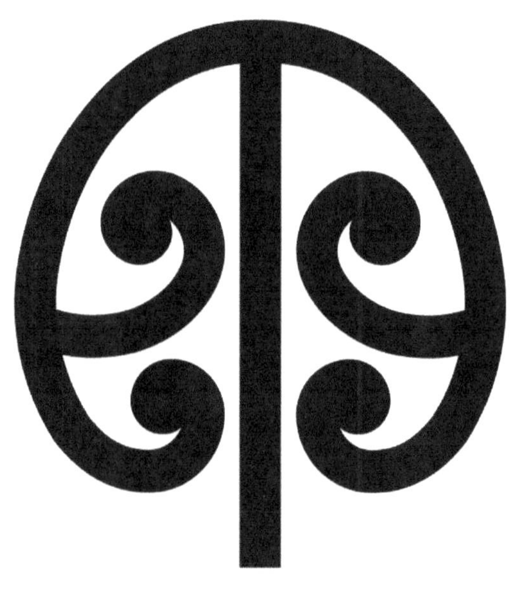

MANGOPARE

MANGOPARE

Le symbole Mangopare représente le requin marteau.

Il symbolise la force, la fin, la volonté forte et l'esprit combatif.

Les Māoris croyaient que les requins étaient des esprits protecteurs et les colliers de dents de requin étaient des symboles de statut communs parmi les chefs de tribu.

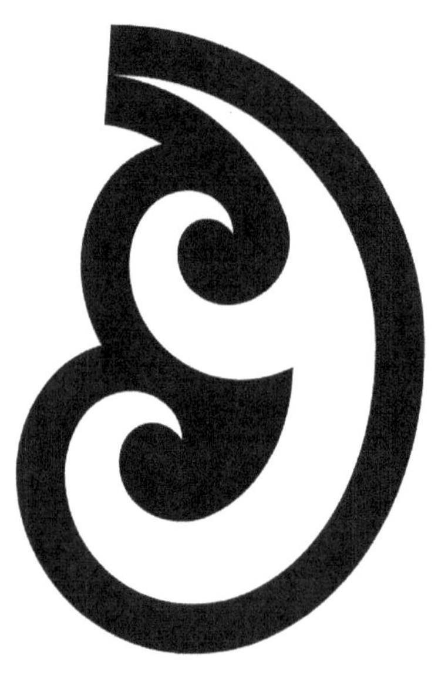

MOANA

MOANA

Moana signifie un plan d'eau ouvert, un océan ou une mer.

Le terme Moana, signifiant océan, est commun à toutes les cultures polynésiennes.

Pour les Māoris, la mer était la source de toute vie, et on comptait sur la mer pour se nourrir, grâce à la pêche.

La mer peut être calme, énergique ou dangereuse à différents moments.

Ces qualités se reflètent dans la signification du symbole Moana.

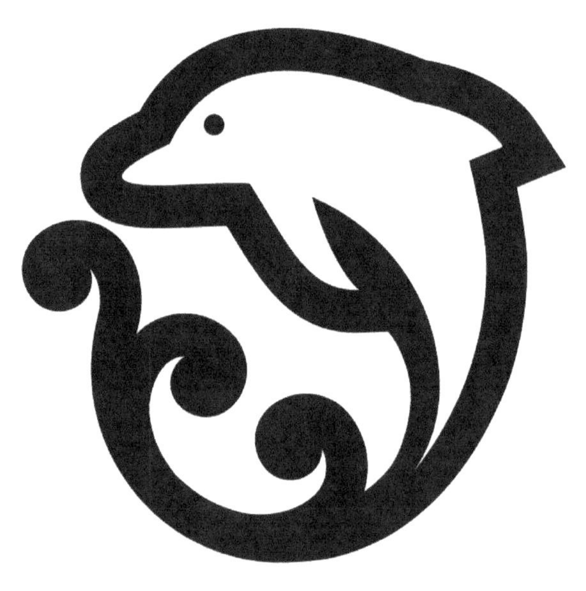

KORU AIHE

KORU AIHE

Le Koru Aihe inspiré des dauphins symbolise l'espièglerie, l'harmonie et l'amitié.

Les Māoris vénéraient les dauphins, tout comme les baleines, les croyant être des esprits aquatiques.

Des contes légendaires racontent que des marins ont été guidés à travers des voies navigables perfides et dangereuses, par des dieux qui avaient pris la forme de dauphins.

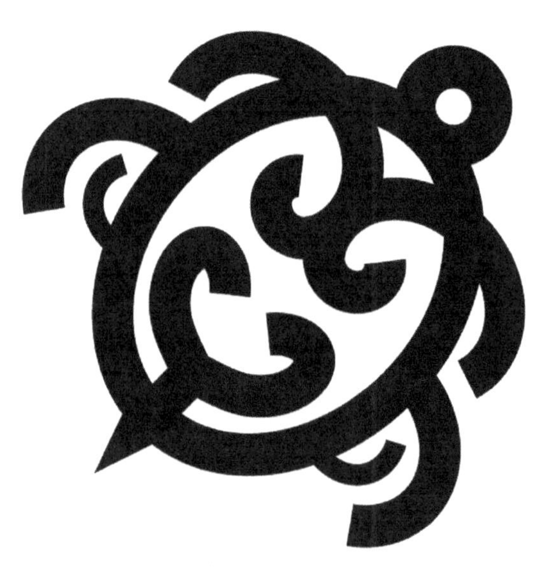

KORU HONU

KORU HONU

Le Koru Honu représente une tortue
de mer en train de nager.

Les tortues symbolisent le voyage et
la navigation dans la culture māori.

Les significations supplémentaires
incluent la fertilité, la longévité,
la paix et l'unité.

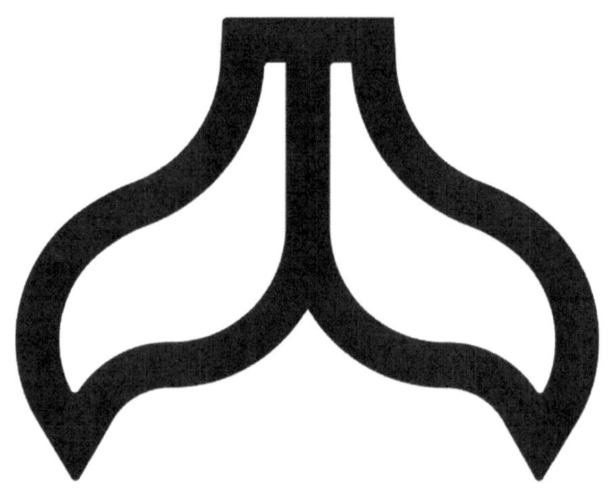

WERA

WERA

Le symbole Wera représente la queue d'une baleine.

Les baleines étaient tapu (sacrées) pour les Māoris.

On pensait qu'ils descendaient du dieu de l'océan et étaient donc de nature surnaturelle.

Le Wera symbolise l'océan et un esprit gardien, en particulier pour ceux qui sont en mer.

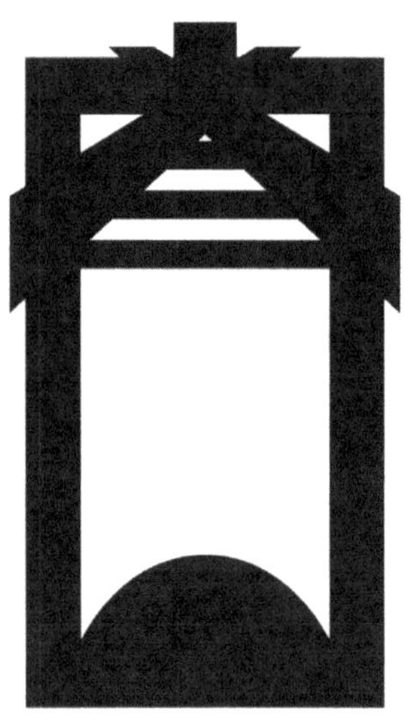

TOKI ADZE

TOKI ADZE

Le Toki Adze est un ciseau de cérémonie utilisé par les Māoris pour des occasions telles que l'abattage d'un arbre afin de sculpter un canoë, ou pour produire des symboles sculptés pour orner des bâtiments et des structures importants pour la tribu.

En tant que symbole, le Toki représente la force et l'autorité.

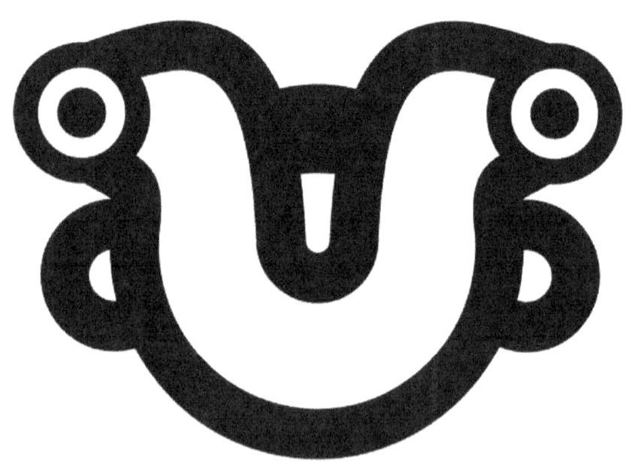

PEKAPEKA

PEKAPEKA

Pekapeka est le mot māori pour chauve-souris.

Les chauves-souris sont le seul mammifère terrestre originaire de Nouvelle-Zélande.

Les Māoris chassaient en allumant un feu dans le creux d'un arbre, attrapant les chauves-souris en l'air alors qu'elles tentaient de s'échapper.

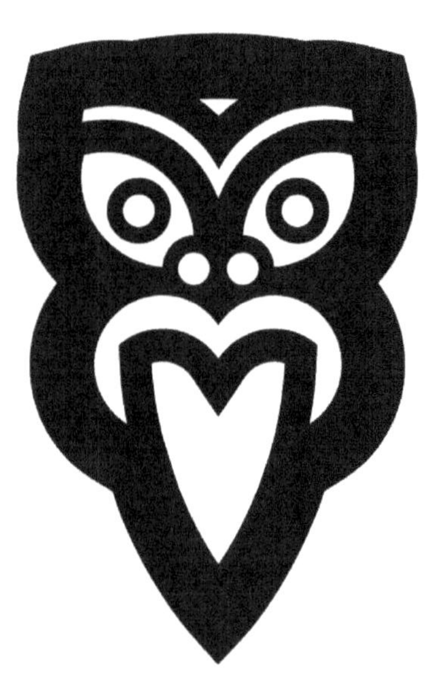

HEI TAIAHA

HEI TAIAHA

Un Taiaha est une arme traditionnelle māori.

C'est une arme d'état-major courte conçue pour le combat rapproché.

Sculptées dans du bois ou de l'os de baleine, ces armes représentent des objets précieux.

Le Hei Taiaha symbolise la culture guerrière māori.

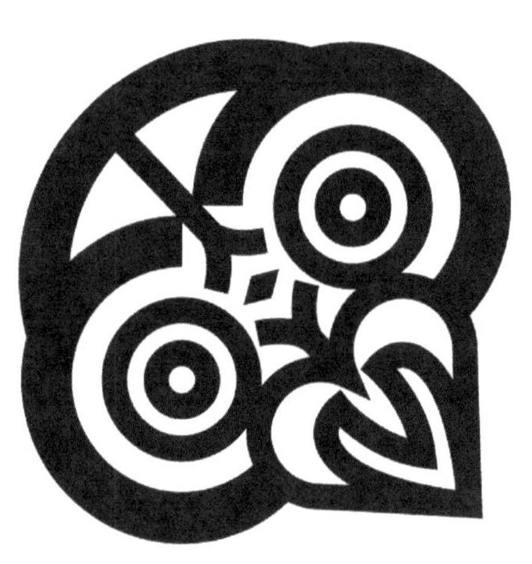

HEI TIKI

HEI TIKI

Le Hei Tiki est communément considéré comme un symbole de chance et de fertilité, représentant l'embryon humain avant naissance.

Hei Tiki est considéré comme une représentation du premier homme.

Les Māoris croient que le porteur d'un talisman tiki est lucide, perspicace, loyal et bien informé.

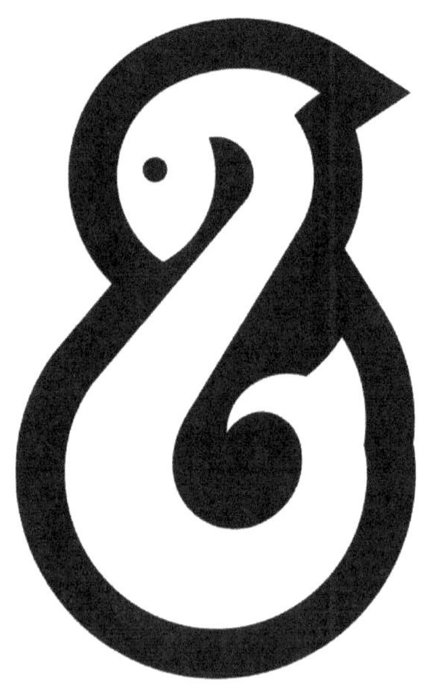

MANAIA

MANAIA

Le symbole Manaia représente un gardien spirituel mythologique, ou messager.

Il est traditionnellement représenté avec une tête d'oiseau, un corps d'homme et une queue de poisson.

Le Manaia protège contre le mal et guide l'esprit.

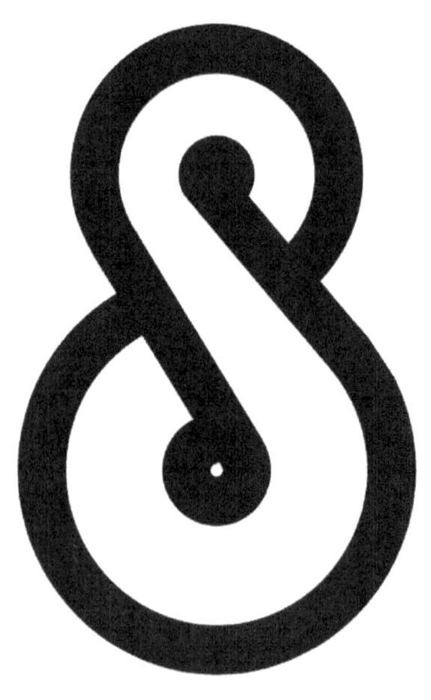

PIKORUA
(SIMPLE TORSION)

PIKORUA (SIMPLE)

La torsion unique de Pikorua
représente le chemin de la vie,
c'est le symbole de l'éternité.

La signification de la simple torsion
Pikorua est différente de la
double torsion Pikorua.

Il représente l'union de
deux personnes.

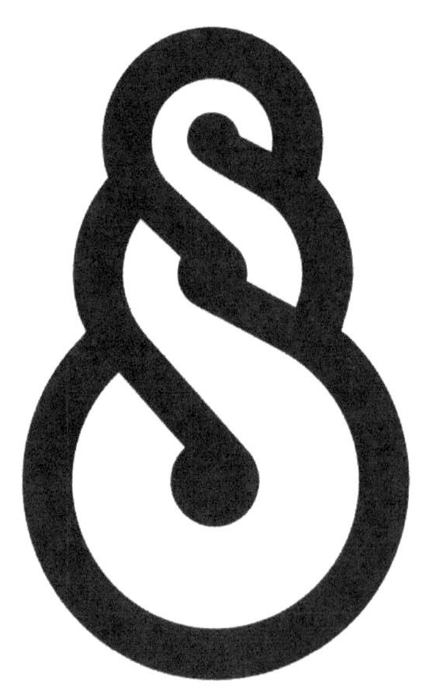

PIKORUA
(DOUBLE TORSION)

PIKORUA (DOUBLE)

La double torsion de Pikorua représente l'union de deux personnes, ou de deux cultures pour l'éternité.

Bien qu'ils puissent connaître des hauts et des bas, ils resteront liés par l'amitié et la loyauté pour la vie.

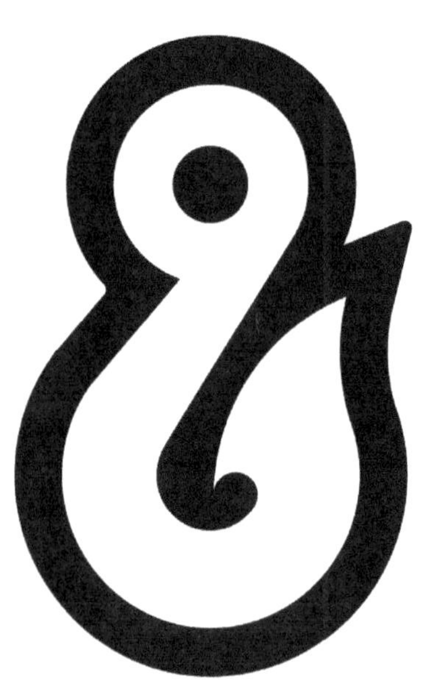

HEI MATAU

HEI MATAU

Le Hei Matau, ou l'hameçon, symbolise la prospérité.

Dans leur coin tranquille du Pacifique Sud, les stocks de poissons étaient abondants et les Māoris savaient qu'un homme (ou une femme) qui avait les moyens d'attraper du poisson prospérerait.

Le Hei Matau représente également la force, la détermination (nécessaire pour une bonne pêche), une bonne santé (acquise par une bonne alimentation) et un voyage sûr, sur l'eau.

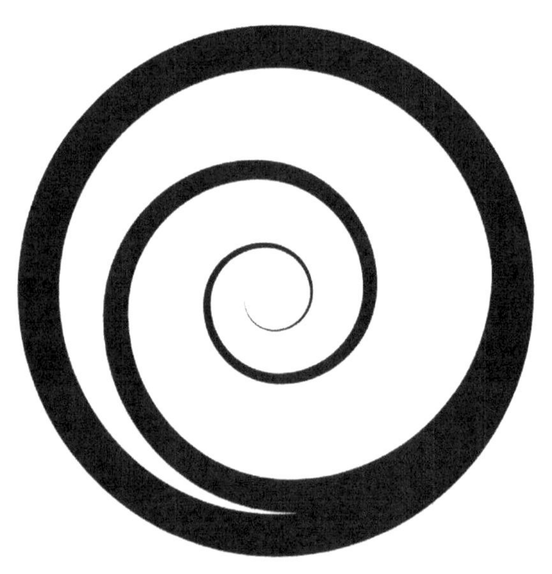

KORU

KORU

Le motif Koru est la pierre angulaire d'une grande partie de l'art māori.

Il n'est pas considéré comme Tapu (sacré) en soi, mais revient dans les conceptions sacrées.

Il représente la jeune fronde de la fougère argentée, qui n'est originaire que de Nouvelle-Zélande.

En tant que tel, ces dernières années, le symbole a été utilisé pour représenter la Nouvelle-Zélande à bien des égards, pas seulement la culture māori.

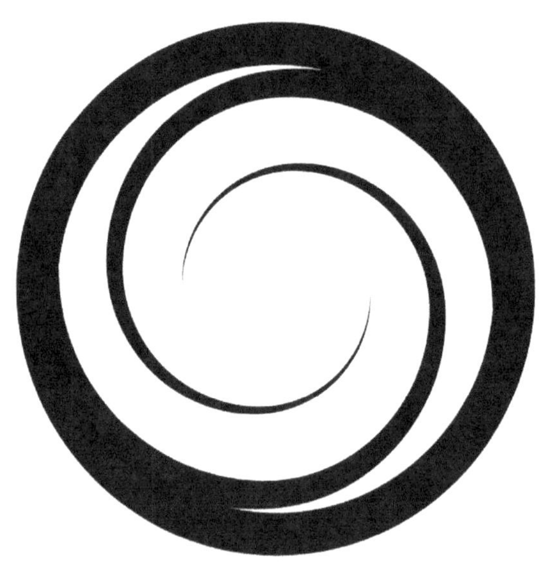

KORU

(DOUBLE)

KORU (DOUBLE)

Le Koru symbolise la vie, la croissance, la force et la paix.

Sa forme véhicule des idées de mouvement, d'énergie latente et potentielle, de création et de renouvellement, de lumière et d'illumination.